La soberanía de Dios

Andrew Wommack

Publicado por Andrew Wommack Ministries, Inc.
Woodland Park, CO 80863

Título en inglés: *The Sovereignty of God*

Publicado por Andrew Wommack Ministries, Inc.
Woodland Park, CO 80863

Traducción y edición: Citlalli Macy

ISBN: 978-1-59548-798-8

ISBN eBook: 978-1-6675-1583-0

Para distribución mundial.

1 2 3 4 5 6 / 28 27 26 25

Contenido

¿Dios es soberano?

¡Yo creo que Dios es absolutamente soberano! No hay nadie más importante ni superior. El Señor Dios Todopoderoso es el número uno. Nadie le da instrucciones. Él existe por Sí mismo y es el Creador de todo lo que existe. ¡Amén! Fin de la historia. No hay debate sobre este punto.

Pero, ¿qué significa la palabra soberano? Ahí es donde radica mi problema con la enseñanza popular sobre la soberanía de Dios. Si utilizas la definición del diccionario de la palabra *soberano*, que es: «un gobernante supremo, monarca o primero en orden o rango»[1], estoy completamente de acuerdo con ella.

---

1 Oxford English Dictionary, s.v. "sovereign," se accedió el 6 de marzo de, 2025, https://www.oed.com/dictionary/sovereign_n?tab=meaning_and_use#21519750

Sin embargo, hay una definición religiosa de la palabra soberano que no se encuentra en ningún diccionario. Esa definición religiosa dice que Dios controla todo y nada puede suceder sin que Él lo apruebe primero. Todas las enfermedades, la pobreza, el dolor y el sufrimiento, y todas las obras impías se originan en Dios o tienen que ser aprobadas por Él. Eso es absolutamente erróneo y contrario a lo que enseña la Biblia.

Yo tengo un GRAN problema con esa enseñanza religiosa sobre la soberanía de Dios. En mi opinión, es la peor doctrina que existe hoy en día en el cuerpo de Cristo.

Hay muchas razones por las que me apasiona tanto este tema, pero una de las principales es que esta enseñanza hace que las personas se vuelvan pasivas. Si Dios realmente controla todo, ¿qué incentivo hay para buscar al Señor, orar, resistir al diablo o hacer cualquier otra cosa? Si esa enseñanza es cierta, entonces nada de lo que hagamos importa. La voluntad de Dios se cumplirá independientemente de lo que hagamos. Eso desafía la lógica y todo lo que enseña la Palabra de Dios.

Santiago 4:7 dice:

Someteos, pues, a Dios; resistid al diablo, y huirá de vosotros.

Este versículo revela que hay cosas de Dios a las que nos sometemos y hay cosas del diablo a las que nos resistimos. Este versículo no tendría sentido si Dios soberanamente controlara todo. Si la voluntad de Dios se cumpliera automáticamente independientemente de lo que hagamos, ¿por qué debemos someternos a Dios y por qué debemos resistir al diablo? Simplemente vivamos como queramos, y lo que el Señor quiera sucederá automáticamente.

Si una persona realmente creyera que es el Señor quien le dio una enfermedad, estaría resistiéndose a la voluntad de Dios si acudiera al médico o tomara medicamentos. Para ser congruente con sus creencias, debería dejar que la enfermedad siguiera su curso y debería sufrir como Dios ha dispuesto que sufra. Por supuesto, yo no creo eso, y tú tampoco deberías creerlo.

Esa enseñanza errónea sobre la soberanía de Dios elimina todo el deseo para buscar al Señor. Esa enseñanza extrema sobre la soberanía dice que todo lo que sucede estaba destinado a suceder, independientemente de lo que hagamos. Eso es absurdo.

En general, la gente culpa a Dios de todo lo que sucede. Incluso escriben en las pólizas de seguro que estás protegido en contra de todo, excepto en los «actos de Dios o casos de fuerza mayor», como tornados, huracanes, incendios, inundaciones y terremotos. Oran por la sanidad, pero si la persona muere, dicen que seguramente era su hora. No podrían haber muerto si no fuera la voluntad del Señor.

Vi una entrevista en la televisión en la que una mujer contaba cómo ella y su hija fueron secuestradas, llevadas a un lugar remoto, violadas y les dieron un disparo en la nuca. La hija murió, pero la madre sobrevivió y apareció en un programa cristiano diciendo que el Señor quiso todo esto. Ella se sentía mucho más cerca del Señor por lo que había pasado, así que creía que esa tragedia no podría haber sucedido si no hubiera sido la voluntad del Señor.

¡Ella culpó a Dios por la violación y el asesinato! ¡Eso es mentira! Eso es blasfemia según mi opinión que está basada en la Biblia. La blasfemia es atribuir las obras de Dios al diablo y viceversa (Mr 3:28-30). Es llamar malo a lo bueno que hace Dios, y bueno a lo malo que hace el diablo (Is 5:20). Eso es lo que hace la enseñanza moderna de la soberanía de Dios.

El mal no viene de Dios

Deuteronomio 28 establece claramente lo que el Señor llama bendición y lo que llama maldición. Los primeros catorce versículos enumeran las bendiciones, y los versículos quince al sesenta y ocho enumeran las maldiciones. La enfermedad, la pobreza, el miedo y varios tipos de opresión están en el lado de las maldiciones de esa lista. La salud, la victoria sobre nuestros enemigos, las cosechas abundantes y una prosperidad tal que podríamos prestar y nunca tener que pedir prestado se encuentran en el lado de las bendiciones. El Señor llamó maldiciones a lo contrario de las bendiciones. Debemos aceptar Su evaluación de lo que es bueno y malo y rechazar la mentira religiosa que dice que Él es el autor de nuestras tragedias.

Aquellos que promueven la enfermedad, la pobreza y todo tipo de sufrimiento se oponen a los valores de Dios. Están atribuyendo las obras del diablo a Dios. Eso está mal en todos los aspectos. Si nuestro enemigo logra que aceptemos como obra de Dios lo que él está haciendo, nos someteremos a ello, anulando así el mandato de Dios en Santiago 4:7 de resistir al diablo.

A lo largo de esta enseñanza, me referiré a la «religión» de manera negativa. Esto se debe a que defino la religión como la opinión del hombre sobre Dios y Sus requisitos para la justicia. El cristianismo no es religión en ese sentido. El cristianismo es la revelación que Dios nos da de Sí mismo por medio de la Biblia y, por lo general, es lo contrario de lo que enseña la «religión».

Yo creo que una de las razones por las que la «religión» promueve esta doctrina errónea de la soberanía de Dios es porque es una excusa para nuestra ignorancia o falta de poder. En lugar de aceptar la responsabilidad cuando las cosas salen mal, simplemente se la asignan a Dios con afirmaciones como: «Debe de haber sido Su voluntad».

Al comienzo de mi ministerio, oré por un niño de cuatro años que murió en mis brazos. Hice todo lo que sabía hacer, pero no lo vimos volver a la vida. Los padres me pidieron que oficiara su funeral, y yo no sabía qué decir para consolarlos. Estuve muy tentado de culpar al Señor por su muerte y decir simplemente: «Los caminos del Señor son inescrutables. Debe de haber sido Su voluntad».

En cambio, les dije la verdad. Les dije: «No sé por qué no se curó, pero no fue porque el Señor lo quisiera. O se me pasó algo a mí, o se les pasó algo a ustedes, o tal vez simplemente no sabemos lo suficiente para ver la victoria en esta situación». Pero les dije que Dios no había matado a su hijo. No sabía cuál era el problema, pero no iba a permitir que lo que no sabía me impidiera actuar en base a lo que sí sabía.

Unos meses después, la madre me explicó que su hijo había nacido prematuramente en un taxi antes de llegar al hospital. Hubo complicaciones: tenía una discapacidad mental y su sistema inmunológico no funcionaba. Los doctores le dijeron que, si alguna vez se resfriaba, no tendría resistencia *inmunológica* y probablemente moriría por ello. Ella se dio cuenta de que esas palabras le habían infundido miedo y había estado temiendo ese día durante cuatro años. Cuando el niño enfermó, todo ese miedo que se había estado albergando en ella durante todos esos años sobrepasó su fe.

Me agradeció por decirle la verdad en lugar de decirle algo que la hubiera reconfortado a corto plazo. Decidió que no permitiría que eso volviera a suceder. Los doctores le dijeron que, debido a su baja estatura, si tenía más hijos, tendría que dar a luz por cesárea. Ella no quería eso, así que tuvo a sus otros tres hijos en casa, mediante parto natural. Cuando cada uno de ellos se graduó de la educación media, me envió una foto con sus togas y birretes, junto con una nota de agradecimiento por haberle dicho la verdad.

El día del funeral, sentí una gran tentación de decirles que Dios se había llevado a su hijo. Eso los habría consolado temporalmente y me habría librado de cualquier culpa por mi parte, pero no era la verdad. Jesús dijo que la verdad nos hace libres (Jn 8:32). La verdad es que Dios es un Dios bueno y no es el autor de la enfermedad, la pobreza, el dolor y la muerte (He 2:15).

En este mundo caído ocurren todo tipo de cosas que no son causadas por Dios. Él no causa el mal, ni lo permite. Toda la tragedia de la raza humana proviene de que nos hemos vendido al diablo y le hemos dado el control.

Santiago 4:1 dice:

¿De dónde vienen las guerras y los pleitos entre vosotros? ¿No es de vuestras pasiones, las cuales combaten en vuestros miembros?

Ese versículo afirma claramente que las guerras no provienen de Dios. Son nuestras propias concupiscencias las que dan lugar a los conflictos que vemos en el mundo actual. Aunque hay guerras justificables en las que las naciones se defienden de la agresión del mal, esas guerras siguen teniendo su origen en que alguna persona o nación se vio motivada por sus propios deseos malignos.

La voluntad de Dios no es automática

He aquí una verdad que debería convencer a cualquiera que permita que la Biblia sea el fundamento de sus creencias. El Señor no hace que su voluntad se cumpla soberanamente, porque 2 Pedro 3:9 dice:

> *El Señor no retarda su promesa, según algunos la tienen por tardanza, sino que es paciente para con nosotros, no queriendo que ninguno perezca, sino que todos procedan al arrepentimiento.*

Eso es tan claro como el Señor puede expresarlo. No es la voluntad de Dios que ninguna persona perezca, pero perecen. Jesús incluso dijo que más personas entrarían por la puerta ancha que conduce a la perdición que por la puerta estrecha que conduce a la vida eterna (Mt 7:13-14). Sin embargo, este versículo afirma claramente que la voluntad del Señor es que todos alcancen la salvación. **Esto demuestra que la voluntad de Dios no se cumple soberanamente (independientemente del hombre).**

Por eso el ángel en Hechos 10 le dijo a Cornelio que mandara llamar a Pedro para que viniera a predicarle el Evangelio. Estoy seguro de que el ángel conocía el Evangelio mejor que Pedro. Pero el ángel no tenía la autoridad para predicar el Evangelio. El Señor le dio esa autoridad a su iglesia. Si las personas no están escuchando un Evangelio auténtico, no es culpa de Dios. Es culpa de Su cuerpo, que se supone que debe cumplir con la gran comisión de Mateo 28:19-20.

Los hijos de Israel son otro ejemplo. El Señor definitivamente los sacó de Egipto para llevarlos a la Tierra Prometida. No era la voluntad de Dios que murieran en el desierto, pero toda la generación mayor pereció. Ese no era el plan de Dios para ellos. El Señor solo tenía buenos planes para ellos, con un futuro glorioso (Jer 29:11). Hebreos 3:19 lo confirma al decir que no entraron por causa de su incredulidad.

Los planes de Dios para nosotros no se cumplen soberanamente. Tenemos que cooperar con Dios mediante la fe para obtener Su bondad. Al elegir no creer en Dios, se condenaron a sí mismos a la muerte en el desierto.

El profeta Jonás también es un ejemplo. El Señor le dijo que fuera a Nínive y les advirtiera del inminente juicio de Dios. Jonás no quería hacerlo porque los ninivitas eran enemigos de Israel. Jonás quería que fueran juzgados para que dejaran de ser una amenaza para Israel. Así que se subió a un barco y se dirigió en la dirección opuesta. Sin embargo, no pudo escapar del Señor.

El Señor envió una violenta tormenta, y los marineros lo arrojaron por la borda para apaciguar la ira de Dios. Dios preparó un gran pez que se tragó a Jonás, y después de tres días y tres noches, el pez lo vomitó en tierra firme. Finalmente se dirigió a Nínive, probablemente blanqueado por los jugos gástricos y con algas alrededor del cuello, para hacer finalmente lo que el Señor le había mandado.

Jonás registró la oración que oró en medio de la oscuridad total del vientre del pez. Jonás dijo:

Los que siguen vanidades ilusorias, Su misericordia abandonan.

Jonás 2:8

El plan original de Dios no era que Jonás fuera tragado por un pez. Dios tenía un plan de misericordia para Jonás y los ninivitas. Fue Jonás quien eligió el camino de la rebelión que podría haberle costado la vida. Pero incluso en su desobediencia, el Señor fue misericordioso y le dio otra oportunidad. Fue la propia rebelión de Jonás lo que lo convirtió en «cebo para peces». Lo mismo nos ocurre a nosotros.

El Señor nos da opciones. Por eso nos dijo que eligiéramos la vida en Deuteronomio 30:19.

A los cielos y a la tierra llamo por testigos hoy contra vosotros, que os he puesto delante la vida y la muerte, la bendición y la maldición; escoge, pues, la vida, para que vivas tú y tu descendencia...

El Señor nos da a elegir entre la vida y la muerte, la bendición y la maldición. No habría elección si Él simplemente nos impusiera soberanamente Su voluntad. ¡No! Tenemos una opción. Debería ser una elección obvia entre la vida y la muerte o la bendición y la maldición. Pero por si acaso alguien no sabe qué elección hacer, Él nos dio la respuesta. Él dijo: «Elige la vida».

Hay muchas personas que rechazan la existencia de Dios debido a todo el sufrimiento que ven en el mundo, y la enseñanza de la soberanía extrema de Dios alimenta sus razonamientos. Si existiera Dios, ¿por qué permitiría que sucedieran cosas como el Holocausto? ¿Cómo podría quedarse de brazos cruzados viendo cómo la gente sufre enfermedades y dolencias? ¿Qué hay de todos los niños inocentes que son víctimas del tráfico de niños y mueren de hambre? ¿Por qué no hace algo?

Son preguntas válidas que ameritan una respuesta, pero culpar a Dios de todo este sufrimiento no es la respuesta correcta. No es Dios quien permite que sucedan todas estas cosas terribles. Tenemos un enemigo que solo viene a robar, matar y destruir (Jn 10:10). El diablo es quien prende fuego al curso de este mundo (Stg 3:6), y nuestros padres originales en el huerto de Edén son quienes le permitieron hacerlo.

La soberanía de la humanidad

El Señor creó el universo y, como creador, todo le pertenecía y estaba originalmente bajo su dominio. Pero el Salmo 115:16 dice:

Los cielos son los cielos de Jehová; Y ha dado la tierra a los hijos de los hombres.

Él les dio la tierra a los hijos de los hombres. Eso significa que, aunque el Señor es el Creador y, por lo tanto, el dueño, Él le dio el dominio (control y administración) de la tierra al hombre. El Señor no controla directamente todo lo que sucede en la tierra. Esa es nuestra tarea. Él solo ejerce Su influencia por medio de la humanidad.

Génesis 1:26-28 dice:

Entonces dijo Dios: "Hagamos al hombre a nuestra imagen, conforme a nuestra semejanza, y tenga dominio sobre los peces del mar, las aves del cielo, el ganado, y en toda la tierra, y sobre todo animal que se desplaza sobre la tierra". Creó, pues, Dios al hombre a su imagen; a imagen de Dios lo creó; hombre y mujer los creó. Dios los bendijo y les dijo: "Sean fecundos y multiplíquense. Llenen la tierra; sojúzguenla y tengan ***dominio*** *sobre los peces del mar, las aves del cielo y todos los animales que se desplazan sobre la tierra"* (*Reina-Valera Actualizada 2015*, se añadió el énfasis).

Observa que el Señor dijo dos veces en estos versículos que la humanidad tendría dominio sobre todos los animales y todo lo que se mueve sobre la tierra. Al decir esto, el Señor limitó Su soberanía sobre la tierra. Delegó ese poder al hombre. El Señor hizo a la humanidad soberana sobre la tierra.

El Salmo 89:34 dice:

No olvidaré mi pacto, Ni mudaré lo que ha salido de mis labios.

Si relacionamos ese versículo con Hebreos 6:18, que dice que es imposible que Dios mienta, es fácil ver que el Señor no podía simplemente intervenir y arreglar todo cuando Adán y Eva pecaron y hundieron a toda la raza humana en el caos. El Señor había dado Su palabra de que la humanidad tenía el control de esta tierra. Era nuestra para hacer con ella lo que quisiéramos. Él no quebrantaría Su palabra.

Esto nos cuesta entenderlo porque no tenemos tanta integridad como el Señor. El Salmo 15:4 dice que una persona piadosa jurará en su propio perjuicio y no cambiará, pero la mayoría de las personas no cumplirán con su palabra si les resulta desfavorable. Incluso los contratos no son vinculantes para muchas personas si tienen suficiente dinero para contratar a un «buen abogado sin escrúpulos».

Pero Dios no puede mentir, y no alterará lo que ha dicho, independientemente de las consecuencias. Todo lo que sale de la boca del Señor es un pacto. Repito, el Salmo 89:34 dice:

No olvidaré mi pacto, Ni mudaré lo que ha salido de mis labios.

Hebreos 1:3 dice:

El cual, siendo el resplandor de su gloria, y la imagen misma de su sustancia, y quien sustenta todas las cosas con la palabra de su poder, habiendo efectuado la purificación de nuestros pecados por medio de sí mismo, se sentó a la diestra de la Majestad en las alturas.

Este versículo habla de Jesús y revela que Jesús sostiene todas las cosas con la palabra de Su poder. Eso es profundo. Relaciona esa verdad con Colosenses 1:16-17, que dice:

Porque en él fueron creadas todas las cosas, las que hay en los cielos y las que hay en la tierra, visibles e invisibles; sean tronos, sean dominios, sean principados, sean potestades; todo fue creado por medio de él y para él. Y él es antes de todas las cosas, y todas las cosas en él subsisten.

Jesús creó todo lo que fue creado, y todo lo que Él creó subsiste por la integridad de Su palabra. Si alguna vez quebrantara Su palabra, el universo se desintegraría.

Traducido al español, la versión *King James* del Salmo 138:2, dice:

> ... *Porque has engrandecido tu palabra sobre todo tu nombre.*

Piensa en lo que esto significa. La palabra de Dios es más grande que Su nombre porque el nombre de un hombre no es mejor que su palabra. El nombre de Jesús es una torre fuerte. Ante el nombre de Jesús, toda rodilla se doblará y toda lengua confesará que Jesús es el Señor (Fil 2:9-11). Sin embargo, el Señor ha engrandecido Su palabra por encima de su nombre. Si el Señor no cumpliera Su palabra, Su nombre no tendría poder.

Si entiendes esto, entonces es fácil ver por qué el Señor no podía simplemente intervenir en los asuntos de los hombres después de que Adán cometiera alta traición y entregara el control de la tierra a Satanás. Dios había dado Su palabra. Dios no puede mentir, por lo que no podía romper su juramento a Adán de que la tierra era suya para hacer con ella lo que quisiera.

Por supuesto, el Señor nunca quiso que cediéramos esa autoridad y dominio al diablo. Esa no era Su voluntad, pero no impuso Su voluntad a Adán y Eva. Les dio a elegir, y ellos eligieron mal.

El Señor les había dado Su palabra a Adán y Eva de que ellos tenían el control. No quebrantaría Su palabra para corregir su error. Dios no puede mentir. Su integridad no le permitiría retractarse de la promesa que les había hecho, incluso con los terribles resultados que ello produjo.

Imagina que yo fuera dueño de una granja y se la regalara a mi hijo sin condiciones. Era suya y podía hacer con ella lo que quisiera. Entonces, un sinvergüenza se acercó y lo engañó para que le cediera toda la granja. ¿Qué podía hacer yo? Todo era legal. Aunque no era lo que yo me había propuesto, había dado mi palabra y firmado los papeles a mi hijo, y él había cedido la escritura de propiedad a este ladrón. Yo estaría obligado por la ley *a respetar el trato.*

La única alternativa que yo tendría según la ley sería comprarle la granja al ladrón y, una vez más, devolvérsela a mi hijo. Sin embargo, para proteger la granja, haría que la propiedad estuviera en copropiedad entre mi hijo y yo. Eso le devolvería el control delegado de la granja a mi hijo, pero la protegería de cualquier charlatán que quisiera quitársela de nuevo. Incluso si mi hijo fuera engañado de nuevo, yo nunca lo aceptaría ni firmaría la escritura a nombre de otra persona.

De manera similar, el Señor le dio el dominio sobre la tierra a la humanidad, y la humanidad le entregó su dominio sobre la tierra a Satanás. Como es imposible que Dios mienta, habría sido injusto de Su parte intervenir y destruir a Satanás. Tenía el poder para hacerlo, pero no la autoridad. Le había dado la autoridad sobre la tierra al hombre, y el hombre la había entregado voluntariamente a Satanás. Nuestro Dios justo no puede romper un pacto que ha salido de sus labios (Sal 89:34).

Así que el Señor compró o redimió a la humanidad para regresarlos *a una relación con* Él, haciéndose hombre y pagando la deuda del pecado que nosotros debíamos. Romanos 6:23 dice que la paga del pecado es muerte. Había una deuda que debía pagarse, y Jesús la pagó en su totalidad. Por medio de Su sacrificio, Jesús redimió (compró de vuelta) a la humanidad y recuperó toda la autoridad y el dominio que nosotros, neciamente, habíamos cedido.

El Señor dio autoridad sobre la tierra a la humanidad (Sal 115:16); sin embargo, Él sigue reinando en los cielos. Por medio de la muerte y resurrección de Jesús, el Señor recuperó la autoridad sobre la tierra, y por eso Jesús dijo en Mateo 28:18:

> ... *Toda potestad me es dada en el cielo y en la tierra.*

El Señor volvió a comprar la tierra por medio de Jesús, y ahora comparte esa autoridad y poder con Su cuerpo, la iglesia (Ef 1:18-23). Debido a que se trata de una herencia en copropiedad (Ro 8:17), la humanidad nunca más podrá volver a «ceder la granja». Una cuenta bancaria corriente conjunta requiere dos firmas para ser válida. Del mismo modo, una herencia conjunta requiere el consentimiento de ambas partes antes de que cualquier transacción entre en vigor.

Aunque nosotros consintamos con las mentiras del diablo, nuestro Señor Jesús nunca lo hará. Por lo tanto, nuestra herencia está segura independientemente del engaño al que nos sometamos. Le damos al diablo una entrada en nuestras vidas cuando cedemos ante él, pero nuestra herencia no está sujeta a nuestros errores. Nuestra salvación está segura porque somos coherederos con Jesús.

En el huerto de Edén, Adán y Eva no eran coherederos con Dios. Tenían un dominio absoluto y soberano sobre la tierra. Satanás no podía obligarlos a desobedecer a Dios; no tenía autoridad. Por eso tuvo que elegir al animal más taimado (astuto o ladino) que el Señor había creado (Gn 3:1). No hizo que un elefante pusiera su pata sobre la cabeza de Eva y le dijera: «Come el fruto prohibido o te aplastaré la cabeza como si fuera un melón», ni que un león le dijera: «Come o te haré pedazos». El diablo no tenía autoridad sobre la tierra en ese momento. Adán y Eva eran los únicos gobernantes.

Todo lo que el diablo podía hacer era mentirles y tentarlos para que desobedecieran al Señor. No podía hacer nada sin su consentimiento y cooperación. Ellos estaban al mando. Pero al ceder a las mentiras del diablo, fueron ellos quienes le dieron a Satanás el dominio y el poder que el Señor había destinado para la humanidad.

Romanos 6:16 dice:

¿No sabéis que si os sometéis a alguien como esclavos para obedecerle, sois esclavos de aquel a quien obedecéis, ya sea del pecado para muerte, o de la obediencia para justicia?

Ese versículo simplemente dice que quienquiera que sea a quien obedezcamos, ése tiene dominio sobre nosotros. Al ceder ante el diablo, Adán y Eva le dieron a Satanás el control de la tierra, que Dios les había dado (Sal 115:16). Fue entonces cuando Satanás se convirtió en el dios de este mundo (2 Co 4:4).

Dado que el Señor le había jurado al hombre que la tierra era suya y que podía hacer con ella lo que quisiera, el Señor habría sido injusto al destruir a Satanás y volver a arreglar las cosas como Él quería que estuvieran. Adán y Eva fueron cómplices de la rebelión de Satanás. Si el Señor juzgara a Satanás, también tendría que juzgar a Sus hijos, que le dieron ese poder a Satanás.

En cierto sentido, Satanás utilizó a la humanidad como rehén. Es como cuando un ladrón entra en un banco; puede ser que haya guardias armados con más potencia de fuego que la del ladrón. Pero si el ladrón toma un rehén y amenaza con hacerle daño, a menos que se cumplan sus demandas, entonces podría escapar porque los guardias no quieren hacer daño al rehén.

Satanás sabía que el Señor amaba tanto a Adán y Eva que no los abandonaría. Así que el diablo consiguió que Adán y Eva le entregaran voluntariamente la escritura de la tierra, y si el Señor quisiera destruir a Satanás, también tendría que destruir a los rehenes. Ellos eligieron voluntariamente seguir al diablo y sus mentiras.

Del mismo modo, el Señor nos ama tanto que no quiso destruir a las personas que Él creó. Por lo tanto, permitió que Satanás se convirtiera en el dios de este mundo (2 Co 4:4). Esa era originalmente nuestra posición (Sal 82:6). El Señor creó a la humanidad para que fuera la autoridad absoluta (los dioses) de este mundo. No me refiero a Dios en el sentido divino, sino que el Señor le dio al ser humano el control total de la tierra para que la gobernara como mejor le pareciera.

Así pues, el diablo está utilizando la autoridad que la humanidad le cedió, lo que le permitió convertirse en el dios de este mundo y causar todo el daño y el dolor que vemos hoy en día. Dios no es el autor de todo el sufrimiento que vemos; Él lo permite en el sentido de que mantiene la integridad de Su palabra y nuestro libre albedrío. Él permite lo que nosotros permitimos.

Si has seguido mi razonamiento hasta este punto y entiendes que el Señor le dio a la humanidad el dominio incondicional sobre la tierra, entonces esto también responderá a otras preguntas, como ¿por qué Dios tuvo que hacerse hombre?

Eso es porque en Juan 4:24 Jesús dijo:

Dios es Espíritu; y los que le adoran, en espíritu y en verdad es necesario que adoren.

El Señor otorgó el dominio sobre la tierra a los seres humanos con cuerpos físicos. Como Dios era Espíritu, Él no tenía un cuerpo físico ni autoridad en la tierra. Tampoco la tenía el diablo. Él también es un ser espiritual. Por eso Satanás tuvo que utilizar una serpiente parlante para interactuar con Adán y Eva.

Para recuperar lo que se había perdido por medio de Adán, un ser físico que tuviera autoridad en la tierra tenía que hacer el trabajo. Así que el Señor buscó a un hombre por medio del cual pudiera obrar para recuperar lo que Adán había perdido. Eso es lo que revela Ezequiel 22:30:

Y busqué entre ellos hombre que hiciese vallado y que se pusiese en la brecha delante de mí, a favor de la tierra, para que yo no la destruyese; y no lo hallé.

No había ni una sola persona en la tierra que pudiera redimirnos porque toda la humanidad ha pecado y está destituida de la gloria de Dios (Ro 3:23). Dado que toda persona nacida de manera natural ha pecado, ninguno de nosotros podía ser un cordero sin mancha que pudiera pagar por los pecados del mundo. Por eso Jesús tuvo que hacerse hombre. Se ofreció a Sí mismo como sacrificio por nuestros pecados para pagar la deuda que teníamos.

Al convertirse en un hombre, Jesús no solo murió en nuestro lugar para que no tuviéramos que sufrir la separación eterna de Dios, sino que eso también le dio autoridad en la tierra para poder tratar directamente con el diablo. En cierto sentido, Jesús se convirtió en uno de los rehenes sin ceder nunca al diablo. Por lo tanto, Satanás no tenía control sobre Él, de manera que Jesús obtuvo la autoridad para tratar con el diablo porque se había hecho carne. Eso puso a Satanás en una situación muy mala.

Esto es exactamente a lo que se refería Jesús en Juan 5:26-27 cuando dijo:

Porque como el Padre tiene vida en sí mismo, así también ha dado al Hijo el tener vida en sí mismo; y también le dio autoridad de hacer juicio, por cuanto es el Hijo del Hombre.

Jesús dijo que la razón por la que tenía autoridad para ejecutar juicio en la tierra era que Él «es el Hijo del hombre». El término «Hijo de Dios» se refiere a la divinidad de Jesús. Pero el término «Hijo del hombre» se refiere a la parte humana de Él. Jesús no tenía pecado porque nació de una virgen (Lc 1:26-27), pero tenía un cuerpo humano que tenía que crecer en sabiduría, estatura y gracia ante Dios y los hombres (Lc 2:52). El cuerpo físico de Jesús le daba autoridad en la tierra, al igual que la que tuvo Adán en su tiempo.

Así que Jesús tomó la autoridad que le daba su cuerpo humano y luchó contra el diablo. Venció todas las enfermedades, caminó sobre el agua, multiplicó los alimentos de forma sobrenatural, expulsó demonios y resucitó a personas de entre los muertos. Cuando murió, descendió al infierno y le quitó al diablo las llaves del infierno y de la muerte (Ap 1:18) y luego resucitó a una nueva vida con toda la autoridad en el cielo y en la tierra.

Luego se dio la vuelta y nos devolvió ese poder y esa autoridad. Ahora Él está de nuevo al mando, pero no gobierna ni reina solo. Él solamente obra por medio de su cuerpo, la iglesia. No obra «soberanamente» ni «independientemente» de su pueblo.

Dios obra por medio de nosotros

Efesios 3:20 dice:

> *Y a Aquel que es poderoso para hacer todas las cosas mucho más abundantemente de lo que pedimos o entendemos, según el poder que actúa en nosotros,*

Hay personas que suelen citar la primera parte de ese versículo y dicen que Dios no tiene límites, que Él puede hacer mucho más de lo que podemos pedir o pensar. Pero eso no es lo que dice ese versículo. Limita específicamente la capacidad de Dios para hacer grandes cosas al poder que obra en nosotros. Si no hay poder obrando en nosotros, el poder de Dios no obrará. Es una herencia compartida.

A menudo se oye citar un pasaje como Proverbios 21:1, que dice:

> *Como los repartimientos de las aguas, Así está el corazón del rey en la mano de Jehová; A todo lo que quiere lo inclina.*

A partir de este y otros versículos, como Romanos 13, la gente piensa que Dios controla soberanamente quién está en el poder y todo lo que hacen. Pero fíjate en Oseas 8:4. Ese versículo dice:

> *Ellos establecieron reyes, pero no escogidos por mí; constituyeron príncipes, mas yo no lo supe;...*

Ese versículo revela claramente que podemos poner a personas en posiciones de autoridad sin Su consentimiento. El Señor no es quien pone a los déspotas en el trono. El dios de este mundo obra por medio de los impíos para robar, matar y destruir, mientras que el cuerpo de Cristo es su contraparte: la sal y la luz del mundo. Pero cuando los cristianos no hacen su parte, le dan al diablo la ventaja para obrar el mal por medio de aquellos que se someten a él.

El Señor ejerce Su poder y autoridad por medio de Su cuerpo. Si no dejamos que Su poder fluya por medio de nosotros, podemos obstaculizar o impedir que Su voluntad se cumpla.

Esto se convirtió en algo personal para mí el 31 de enero de 2002, cuando el Señor me habló directamente del Salmo 78:41. Ese versículo dice:

> *Y volvían, y tentaban a Dios, Y ponían límite al Santo de Israel* (*Reina-Valera Antigua*).

Eso se refería a los israelitas que salieron de Egipto. El Señor les dijo que entraran y poseyeran la tierra que les había dado. Pero ellos escucharon a los diez espías que trajeron un informe malo, en lugar de a Josué y Caleb, que dijeron que eran muy capaces de poseer la tierra (Nm 13). El Señor tenía más que suficiente poder para vencer a los gigantes de la tierra, pero solo podía usar ese poder si su pueblo se sometía a Él. Él tenía que fluir por medio de ellos.

Cuando la mayoría del pueblo escuchó «el reporte noticiero de los diez espías» más que la palabra de Dios, limitaron lo que Dios podía hacer. Eso es sorprendente. La mayoría de las personas creen que el Señor puede hacer todo lo que quiere, pero eso no es lo que dice este versículo. Dice que podemos limitar a Dios con nuestra incredulidad.

Eso es lo que el Señor me dijo a través de este versículo. Yo sabía cuál era la voluntad de Dios para mi vida y la estaba cumpliendo, pero a paso de tortuga. El Señor me dijo directamente que mi forma de pensar limitada estaba restringiendo lo que Él podía hacer por medio de mí. Tengo múltiples enseñanzas que explican con gran detalle cómo respondí y lo que eso le permitió hacer al Señor en mí y por medio de mí. Pero basta con decir que ese fue uno de los ajustes más importantes que he hecho en mi vida.

Mi ministerio se multiplicó por más de cien en alcance durante las siguientes dos décadas. He visto un crecimiento y una provisión que no se pueden explicar sin darle toda la gloria a Dios. Cuando le describí a mi madre lo que el Señor había hecho, ella me dijo sin rodeos: «Andy, sabes que esto es obra de Dios». Estuve de acuerdo y le di toda la gloria a Dios. Entonces ella dijo: «No eres lo suficientemente inteligente para hacer esto». Una vez más, no discutí. Lo que ha sucedido desde entonces es totalmente sobrenatural.

Los milagros que he experimentado fueron sobrenaturales, pero no fueron únicamente el resultado de la soberanía divina. Yo participé en ellos. No los causé, pero tuve que salir de mi manera de pensar en pequeño y empezar a creer en Dios para que Él tuviera algo con qué trabajar. Fue obra del Señor, pero fue según el poder que obró en mí.

A todos nosotros el Señor nos ha dicho muy claramente que no hagamos algo, y lo hemos hecho de todos modos. ¿No es cierto? Eso es lo que la Biblia llama pecado. Santiago 4:17 dice:

> *Y al que sabe hacer lo bueno, y no lo hace, le es pecado.*

Así que todos, en algún momento, hemos desobedecido a Dios a sabiendas. Si el Señor no nos controla como a robots y somos libres de desobedecerle, ¿qué te hace pensar que controla a todos y a todo lo demás de esa manera?

Alguien podría estar pensando en Romanos 8:28, que dice:

> *Y sabemos que a los que aman a Dios, todas las cosas les ayudan a bien, esto es, a los que conforme a su propósito son llamados.*

Este versículo se ha interpretado en el sentido de que todo lo que nos sucede proviene de Dios y tiene como objetivo lograr algo bueno en nuestras vidas. Eso no es lo que dice este versículo.

De hecho, escuché a un predicador dar un testimonio utilizando este versículo para justificar el hecho de estar controlado por la lujuria. Él estaba tan lleno de lujuria que dijo que durante uno de sus sermones desnudó mentalmente a las mujeres que se sentaban frente a él en la congregación. Finalmente admitió su problema y concertó una cita para recibir ayuda.

Mientras se subía a su coche para ir a la cita, dijo que el Señor le dijo: «No tendrías este problema si yo no lo hubiera permitido. Si te liberas de esto, no aprenderás la lección que estoy tratando de enseñarte». Así que, creyendo esa mentira, canceló su cita y siguió con la lujuria. Finalmente, fracasó moralmente y se vio obligado a abandonar el ministerio.

No fue el Señor quien le dijo que le había dado la lujuria para cumplir algún propósito redentor en su vida. Esa era la falsa enseñanza sobre una soberanía extrema de Dios, según la cual nada puede sucederte a menos que el Señor lo quiera o lo permita. Eso es una tontería.

Escuché a otro predicador que acababa de regresar de oficiar el funeral de dos adolescentes. Habían estado bebiendo y conduciendo a alta velocidad por una carretera resbaladiza. No pudieron mantener el control del coche en una curva y se salieron de la carretera, chocando con un poste telefónico. Ambos murieron en el accidente y ninguno de los dos conocía al Señor.

Sin embargo, este predicador se levantó y dijo que, aunque no entendemos los caminos del Señor, sabemos que Él hace que todas las cosas obren para bien. Por lo tanto, debe haber sido la voluntad de Dios matar a estos dos jóvenes adolescentes.

Me enojé tanto que sentí que *me salía humo por la cabeza*. Eso no es lo que enseña Romanos 8:28.

En primer lugar, ese versículo no dice que todo lo que sucede proviene del Señor. Simplemente dice que el Señor puede tomar cualquier cosa que suceda y hacer que todo contribuya al bien, pero hay condiciones para ello.

El versículo comienza con la palabra «Y», que es una conjunción que vincula este versículo con los versículos anteriores. Romanos 8:26-27 habla de que el Espíritu Santo nos permite interceder más allá de nuestra propia capacidad con gemidos que no pueden expresarse con palabras. Todas las cosas obran para nuestro bien *solo* si hemos estado operando en esta intercesión empoderada sobrenaturalmente.

Todas las cosas solo obrarán para nuestro bien si 1) amamos al Señor y 2) somos llamados según su propósito. Esos son dos grandes «si».

El ministro que ofició el funeral de los dos adolescentes dijo específicamente que ellos no habían nacido de nuevo. Eso significa que no cumplían con el primer requisito de amar al Señor. No todo contribuye al bien de aquellos que no aman al Señor. Además, hay que ser llamados según Su propósito. ¿Cuál era el propósito del Señor? 1 Juan 3:8 dice:

> *... Para esto apareció el Hijo de Dios, para deshacer las obras del diablo.*

Estos dos adolescentes no vivían para destruir las obras del diablo. Actuaban en contra de lo que probablemente les habían dicho sus padres y de la ley que les ordenaba no beber y conducir. No se estaban resistiendo al diablo. Cooperaban con él con sus acciones, y eso les costó la vida, física y espiritualmente.

Así que, juntando todo esto, Romanos 8:28 dice que para aquellos que permiten que el Espíritu Santo interceda por ellos, *y* que aman al Señor, *y* que están dispuestos a destruir las obras del diablo, entonces, y solo entonces, todas las cosas pueden cooperar para bien.

Un ejemplo de esto es cuando murió mi hijo. Mi hijo mayor me llamó a las cuatro y cuarto de la madrugada y me dijo que mi hijo menor había muerto. Le pregunté qué había pasado y le dije que no dejara que nadie lo tocara hasta que yo llegara. Mi esposa y yo nos levantamos y tardamos una hora y cuarto en llegar conduciendo a Colorado Springs, donde estaba mi hijo.

En ese tiempo no teníamos teléfonos celulares, así que no sabíamos cómo iban a salir las cosas hasta que llegamos al hospital. Pero inmediatamente expresamos nuestra fe y reprendimos esta sentencia de muerte sobre nuestro hijo. Mientras conducíamos hacia la ciudad, empezamos a tener todos los pensamientos y emociones que cualquiera tendría en esa situación. Pero dejamos que el Espíritu Santo intercediera por nosotros hablando en lenguas. También amamos al Señor con todo nuestro corazón, no solo en ese momento porque estábamos entre la espada y la pared, sino porque estábamos profundamente enamorados del Señor en todo tiempo.

De hecho, una de las cosas que hice durante ese viaje a la ciudad fue empezar a alabar al Señor y decirle que lo amaría sin importar el resultado. Sabía que Él no era quien había matado a mi hijo, y no lo culparía si no volvía a la vida. Mi hijo murió por sus propias acciones, no por las de Dios. También nos desahogamos en contra del diablo y le dijimos a dónde podía irse.

Cuando llegamos al hospital, mi hijo mayor nos recibió en la puerta y nos dijo que no sabía qué había pasado, pero que, solo unos minutos después de llamarme, mi hijo se había incorporado y había empezado a hablar. Llevaba más de cuatro horas muerto. Ya estaba en un congelador en la morgue del hospital, desnudo y con una etiqueta en el dedo pulgar del pie. Sin embargo, se levantó y empezó a hablar sin ningún daño cerebral. Eso sucedió hace más de veinticuatro años, y tengo una preciosa nieta gracias a él, que tiene el honor singular de haber nacido un año después de la muerte de su padre. ¡Alabado sea el Señor!

Como nosotros permitimos que el Espíritu Santo intercediera por medio de nosotros, y porque amábamos a Dios y sabíamos cómo ejercer nuestra autoridad y reprender al diablo, el Señor convirtió esta terrible situación en algo bueno. Desde entonces, he podido restregarle al diablo su derrota, lo que ha inspirado esperanza en innumerables personas.

Pero eso no habría sucedido si nos hubiéramos rendido ante su muerte, pensando que no podía suceder a menos que el Señor quisiera que sucediera. No, la resurrección ocurrió porque conocíamos la verdad y resistimos lo que el diablo intentaba hacer para matar a nuestro hijo. Mediante el poder de la fe que obra en nosotros, el Señor pudo hacer mucho más de lo que podríamos pedir o pensar. Gracias, Jesús.

Una persona que cree que el Señor es quien trae la tragedia a su vida no puede resistir verdaderamente al diablo, porque según su forma de pensar, estaría resistiendo a Dios. Si Dios es el autor del problema, entonces resistir el problema sería resistir a Dios. Nadie en su sano juicio haría eso.

Al comienzo de mi camino con el Señor, me enseñaron que Él controlaba soberanamente todo lo que sucedía. Mi papá murió cuando yo acababa de cumplir doce años. Mi pastor bautista me dijo que era la voluntad del Señor. Dijo que Dios necesitaba a mi papá en el cielo más de lo que yo lo necesitaba. Yo solo tenía doce años, pero era lo suficientemente inteligente como para saber que eso no era cierto. Sin embargo, me sometí bastante a la doctrina de que el Señor controla todo lo que sucede, incluso (o especialmente) las cosas malas.

Justo después de mi increíble encuentro con el Señor el 23 de marzo de 1968, fui a una conferencia en la que un ministro decía que Satanás es el «mensajero» de Dios. Este ministro describía al diablo como un perro con correa que solo podía llegar hasta donde el Señor le permitiera. Por lo tanto, si el diablo nos atacaba, Dios lo permitía con algún propósito redentor.

Dio el ejemplo de un joven estudiante de enseñanza media que quería ser testigo ante sus compañeros de fútbol, pero era demasiado tímido para hablar. Así que le pidió al Señor que le diera cáncer para poder demostrar a sus amigos que no tenía miedo a la muerte. A la mañana siguiente, se despertó con leucemia. Utilizó su falta de miedo a la muerte para dar testimonio a sus amigos y, en su funeral, cuatro personas nacieron de nuevo.

Yo le llevé esa enseñanza a una amiga mía y se la compartí. Ella hizo la misma oración y, a la mañana siguiente, se despertó con leucemia, igual que el chico del sermón. Intentamos creer en el Señor para que la sanara, incluso le pedimos al pastor que la ungiera con aceite en el nombre del Señor (Stg 5:14-15). Pero ella también murió y, en su funeral, cuatro personas recibieron al Señor como su Salvador.

No fue el Señor quien respondió a sus oraciones y les dio cáncer. Fue el diablo quien se aprovechó de nuestra creencia errónea. Es el diablo quien viene a robar, matar y destruir. Jesús vino a darnos vida en abundancia (Jn 10:10). Satanás anda buscando a quien devorar (1 P 5:8), y aquellos que se someten a él, debido a una doctrina errónea sobre la soberanía de Dios, son exactamente el bocado sabroso que él está buscando.

Un hombre trajo a su hija tetrapléjica de doce años a una de mis reuniones. Mientras yo enseñaba sobre este mismo tema de la soberanía, se enojó tanto que se fue de mi reunión. Un amigo le pidió que se quedara y hablara conmigo después de la reunión, y así lo hizo. Él estaba de pie detrás de su hija, que estaba en una silla de ruedas, y yo estaba frente a ella. Me compartió pasajes de las Escrituras que, según él, hacían responsable al Señor de que su hija fuera así desde su nacimiento. Yo le compartí muchos de los pasajes que he compartido en este libro de bolsillo, que dicen que el Señor no es quien causa estas tragedias.

Comprendí que la única forma en que el padre había podido sobrellevar esta terrible situación era pensar que Dios, en su sabiduría superior, sabía que esto era lo mejor. Yo estaba eliminando su mecanismo de defensa al decirle que el Señor no le había hecho esto a su hija, y él estaba furioso. Yo pensé que no tenía nada qué perder, así que hice algo que solo haría si el Señor me lo indicara.

Le pregunté qué tipo de padre era para querer que su hija estuviera así. Eso casi lo sacó de quicio. Si no hubiera estado detrás de la silla de ruedas, creo que se habría abalanzado sobre mí. Dijo que amaba a su hija y que haría cualquier cosa para que ella se curara y fuera normal. Si pudiera, se haría como ella para que ella pudiera ser como él. Entonces le dije: «Y tú crees que Dios Todopoderoso la ama menos que tú». Continué diciéndole que eso era exactamente lo que Jesús había hecho por nosotros. Se hizo como nosotros para que pudiéramos ser hechos como Él (2 Co 5:21).

Eso lo detuvo por completo. Finalmente entendió que un Dios amoroso nunca haría que alguien quedara tetrapléjico. Nuestro amoroso Padre celestial no es quien causa todo el mal en este mundo. Jesús vino a redimirnos de la autoridad del diablo, y aquellos que caminamos en la autoridad que Él nos devolvió, podemos revertir el sufrimiento que el diablo trae.

Si una persona imperfecta no «bendeciría» a su hijo con cáncer, pobreza, depresión o cualquier otra cosa mala, ¿cómo puede alguien pensar que nuestro Dios, que nos amó tanto que estuvo dispuesto a hacerse hombre y morir en nuestro lugar, nos ama menos? Eso es lo que dice Lucas 11:11-13:

> *¿Qué padre de vosotros, si su hijo le pide pan, le dará una piedra? ¿o si pescado, en lugar de pescado, le dará una serpiente? ¿O si le pide un huevo, le dará un escorpión? Pues si vosotros, siendo malos, sabéis dar buenas dádivas a vuestros hijos, ¿cuánto más vuestro Padre celestial dará el Espíritu Santo a los que se lo pidan?*

Dios es un Dios bueno que solo tiene cosas buenas para aquellos que creen y reciben. Él no es quien causa o permite las tragedias en nuestras vidas. La fe obra por amor, y el amor no da enfermedad, pobreza ni ningún tipo de daño o dolor a las personas.

Conclusión

La religión ha enseñado, por medio de esta doctrina incorrecta de la soberanía de Dios, que nuestro Dios amoroso es el autor de todo el mal en esta vida. Si yo anduviera causando muerte y destrucción, como se acusa a Dios de hacer, no hay ninguna nación civilizada en esta tierra que no me arrestara y castigara justificadamente.

Culpar a Dios de todo el mal de este mundo ha alejado a muchas personas del Señor. E incluso aquellos que mantienen su fe en el Señor pueden molestarse y amargarse con Él porque piensan que pudo haberles conservado la vida a sus seres queridos, preservado su matrimonio o intervenido de una u otra manera si hubiera querido. Pero ese no es el caso. Cualquiera que esté enojado con el Señor por las cosas malas que le han sucedido personalmente o a sus seres queridos no comprende las verdades que he compartido en este libro de bolsillo

El Señor nos proporcionó un medio para redimirnos y regresarnos a Su plan original por medio de la expiación de Jesús. Aquellos que rechazan a Jesús están rechazando la salvación de Dios (Hch 4:12) y comprando para sí mismos la condenación. Siguen bajo el dominio del dios de este mundo y no tienen ninguna esperanza de vivir por encima de su poder (Ef 2:12).

Incluso entre aquellos de nosotros que aceptamos a Jesús y nos convertimos en coherederos con Él de esta gloriosa salvación, todavía tenemos un papel que desempeñar. Tenemos que dejar que el poder de la verdad y la fe obren en nosotros para que Él obre por medio de nosotros.

Esta enseñanza sobre la soberanía de Dios aún deja preguntas sin respuesta. Tengo un libro de 212 páginas titulado *La guerra ya terminó*, que trata temas como: por qué el Señor castigó a las personas con plagas y enfermedades bajo el Antiguo Pacto. Ninguno de esos casos fue una bendición; todos fueron expresiones del juicio de Dios. Bajo nuestro nuevo y mejor pacto (He 8:6), hemos sido redimidos de estas maldiciones porque Jesús se convirtió en maldición por nosotros

(Ga 3:13). La guerra de Dios contra nuestro pecado ha terminado porque Jesús se convirtió en pecado por nosotros y nos hizo la justicia de Dios (2 Co 5:21).

El libro de Job también se ha utilizado incorrectamente para predicar la soberanía extrema de Dios. No tengo tiempo en este libro de bolsillo para tratar lo que realmente sucedió en esa situación. Tengo más de 650 notas de pie de página *en inglés* en mi estudio bíblico *Living Commentary* que lo explican. Te invito a que obtengas estos recursos y los que se enumeran al final de este libro de bolsillo.

Espero que esta breve enseñanza haya arrojado algo de luz sobre la verdad acerca de la doctrina de la soberanía de Dios y la explicación de por qué Dios no es culpable cuando suceden cosas malas. La idea de que Dios controla todo soberanamente, y que nada sucede sin Su aprobación directa, es errónea y contradice lo que la Biblia enseña. Toda buena dádiva y todo don perfecto proviene de Dios. El diablo es quien roba, mata y destruye. Tenemos una elección: ¿con quién cooperaremos? Si ponemos nuestra fe en Dios y permitimos que Su poder obre por medio de nosotros, experimentaremos Su propósito para nuestras vidas: una vida abundante.

PARA MÁS ESTUDIO

Si te gustó este libro de bolsillo y te gustaría aprender más sobre algunos de los temas que he compartido, te sugiero estos estudios:

1. *La autoridad del creyente*
2. *No limites a Dios*
3. *Mi cita con Dios*
4. *La verdadera naturaleza de Dios*
5. *La guerra ya terminó*

Puedes comprar estos estudios en sus diferentes formatos en **awmi.net/store.**

Mis enseñanzas más populares están disponibles *gratis* para ver, escuchar o leer en **awmi.net/español**.

Recibe a JESÚS como tu Salvador

¡Optar por recibir a Jesucristo como tu Señor y Salvador es la decisión más importante que jamás hayas tomado!

La Palabra de Dios promete: «Si confesares con tu boca que Jesús es el Señor, y creyeres en tu corazón que Dios le levantó de entre los muertos, serás salvo. Porque con el corazón se cree para justicia, pero con la boca se confiesa para salvación» (Ro 10:9-10). «Porque todo aquel que invocare el nombre del Señor, será salvo» (Ro 10:13). Por su gracia, Dios ya hizo todo para proveer tu salvación. Tu parte simplemente es creer y recibir.

Ora en voz alta: «Jesús, confieso que Tú eres mi Señor y mi Salvador. Creo en mi corazón que Dios te levantó de entre los muertos. Por fe en Tu Palabra, recibo ahora la salvación. Gracias por salvarme».

En el preciso momento en que le entregas tu vida a Jesucristo, la verdad de Su Palabra instantáneamente se lleva a cabo en tu espíritu. Ahora que naciste de nuevo, ¡hay un tú completamente nuevo!

Por favor comunícate con nosotros para que nos digas si recibiste a Jesucristo como tu Salvador y para que solicites unos materiales de estudio gratis que te ayudarán a entender más plenamente lo que ha sucedido en tu vida. Llama a nuestra línea de ayuda al **(+1) 719-635-1111** (para español: de lunes a viernes, 7:00 a. m. – 3:00 p. m. hora de la montaña. Para inglés: de lunes a domingo las veinticuatro horas del día), para que hables con uno de nuestros operadores que están listos para ayudarte a crecer en tu relación con el Señor.

¡Bienvenido a tu nueva vida!

Recibe el Espíritu Santo

Como Su hijo que eres, tu amoroso Padre Celestial quiere darte el poder sobrenatural que necesitas para vivir esta nueva vida. «Todo aquel que pide, recibe; y el que busca, halla; y al que llama, se le abrirá... ¿Cuánto más vuestro Padre celestial dará el Espíritu Santo a los que se lo pidan?» (Lc 11:10, 13b).

¡Todo lo que tienes que hacer es pedir, creer y recibir! Haz esta oración: «Padre, reconozco mi necesidad de Tu poder para vivir esta vida nueva. Por favor lléname con Tu Espíritu Santo. Por fe, lo recibo ahora mismo. Gracias por bautizarme. Espíritu Santo, eres bienvenido a mi vida».

Algunas sílabas de un lenguaje que no reconoces surgirán desde tu corazón a tu boca (1 Co 14:14). Mientras las declaras en voz alta por fe, estás liberando el poder de Dios que está en ti, y te estás edificando en el espíritu (1 Co 14:4). Puedes hacer esto cuando quieras y donde quieras.

Realmente no interesa si sentiste algo o no cuando oraste para recibir al Señor y a Su Espíritu. Si creíste en tu corazón que lo recibiste, entonces la Palabra de Dios te asegura que así fue. «Por tanto, os digo que todo lo que pidiereis orando, creed que lo recibiréis, y os vendrá» (Mr 11:24). Dios siempre honra Su Palabra; ¡créelo!

Nos gustaría felicitarte y ayudarte a entender más plenamente lo que acaba de suceder en tu vida.

Por favor, comunícate con nosotros y dinos si hiciste la oración para ser lleno del Espíritu Santo, y para que pidas una copia del libro, *El nuevo tú y el Espíritu Santo*. Este libro explica con más detalle los beneficios de ser lleno del Espíritu Santo y de hablar en lenguas. Llama a nuestra línea de ayuda al **(+1) 719-635-1111** (para español: de lunes a viernes, 7:00 a. m. – 3:00 p. m. hora de la montaña. Para inglés: de lunes a domingo las veinticuatro horas del día).

Llama para pedir oración

Si necesitas oración por cualquier motivo y quieres hablar con uno de nuestros operadores en español, puedes llamar a nuestra línea de ayuda al **(+1) 719-635-1111**, (para español: de lunes a viernes, 7:00 a.m. – 3:00 p.m. hora de la montaña. Para inglés**:** de lunes a domingo las veinticuatro horas del día). Un ministro capacitado recibirá tu llamada y orará contigo. Si nos llamas fuera de los Estados Unidos, comunícate con nosotros por WhatsApp siguiendo este enlace: wa.link/AWMMexico.

Cada día, recibimos testimonios de sanidades y otros milagros por medio de nuestra línea de ayuda, y estamos compartiendo las noticias del Evangelio que son casi demasiado buenas para ser verdaderas con más personas que nunca. Por lo tanto, ¡te invito a que llames hoy!

El autor

La vida de Andrew Wommack cambió para siempre en el momento que él se encontró con el amor sobrenatural de Dios el 23 de marzo de 1968. Como autor y maestro de renombre de la Biblia, Andrew ha asumido la misión de cambiar la manera como el mundo percibe a Dios.

La visión de Andrew es llevar el Evangelio tan lejos y tan profundo como sea posible. Su mensaje llega lejos por medio de su programa de televisión *Gospel Truth* (*La Verdad del Evangelio*), que está disponible para casi la mitad de la población mundial. El mensaje penetra profundamente por medio del discipulado en el instituto bíblico, Charis Bible College, con su sede en Woodland Park, Colorado. Establecido en 1994, Charis tiene planteles en varios lugares de los Estados Unidos y por todo el mundo.

Andrew también cuenta con una extensa biblioteca de materiales para la enseñanza en formatos impresos, de audio y de video. Más de 200 000 mil horas de enseñanzas gratis *en inglés*, están disponibles en su sitio web **awmi.net**. Para alcanzar a la gente que habla español, y llevarlos a un conocimiento más profundo de la Palabra, su sitio web **awmi.net/español** ofrece gratis videos y artículos de sus enseñanzas más populares.

Información de contacto

Andrew Wommack Ministries, Inc.
PO Box 3333
Colorado Springs, CO 80934-3333
Correo electrónico: info@awmi.net

Charis Bible College
info@charisbiblecollege.org
(+1) 844-360-9577
CharisBibleCollege.org

Línea de ayuda: (+1) 719-635-1111
(Para español: de lunes a viernes 7:00 a. m. – 3:00 p. m. hora de la montaña. Para inglés: de lunes a domingo las 24 horas del día).

Página en español: **awmi.net/español**
Página en inglés: **awmi.net**

Para ver la lista de todas nuestras oficinas, visita: **awmi.net/contact-us**.

Conéctate con nosotros en las redes sociales.

www.ingramcontent.com/pod-product-compliance
Lightning Source LLC
LaVergne TN
LVHW010543100826
845148LV00013B/2580

* 9 7 8 1 5 9 5 4 8 7 9 8 8 *